AF222761

Herstellung und Verlag: B o D - Books on Demand, Norderstedt

ISBN 978-3-8391-6945-2

Holm Kohlmann

Hymne des Herrn

Sachsengedichte

dem Freistaat Sachsen gewidmet

Sachsenglanz

Gedanken strahlen über Heimatland,
Bergewälder, lieblichste Siedlungen.
Preisend verknüpfen den Sachsenverband
Romantik Burgen Schlösser besungen.
Begeistert funkt von Seele zu Seele
Gewachsen Natur still Geometrie.
Postmeilenhaft bindet Stele Wege,
Kaum lassest du reichen Gottpoesie.

Glanzwelt schaut dir empor,
Windet den Liebesflor.
Gruß geht von Hand zu Hand,
Mein holdes Sachsenland!

Vom Muskaugrün zur Plauener Spitze
Horizonten Künstler mit dem Wunderhorn.
Vom Leipzigblühn zum Zittauer Sitze
Imaginärt Augustuskönigtum.
Stimmen schlängeln im Strome der Flüsse
Weiß Elster, Mulde, Elbe, Spree, Neiße.
Musikgetrieben wandeln Ergüsse,
Fördern Dresden, Chemnitz, Leipzig Weise.

Glanzwelt schaut dir empor,
Windet den Träumeflor.
Gruß geht von Stand zu Stand,
Mein goldnes Sachsenland!

Erfolge sprudeln schwarzgelb gewappnet
Freudbechern, Lorbeerufern, Volkesmund.
Weißgrünes Reich froher Sagen trappelt,
Dichterfülle wurzelt fruchtbarstem Grund.
Und prophetisch wirfst du deine Hügel,
Ein Talisman muss schweben über dir.
Wirklichkeit gründet mit sanftem Flügel,
Historisch sächselt dein Hochdeutsch hier.

Glanzwelt schaut dir empor,
Windet den Himmelsflor.
Gruß geht von Strand zu Strand,
Mein ruhmreich Sachsenland!

Rand- und Innenländer

Leipziger und Dresdener Land
Begründen den Sachsenverband.
Vogtland, Erz-, Elbsandsteingebirge
Bis hin zur Oberlausitz reist der Bürge.

Bayern, Thüringen, Sachsen-Anhalt
Bilden westlicher Grenze Gestalt.
Brandenburg besorgts im Norden,
Polen, Tschechien ostsüdlich borden.

Einzug der Sachsen

Wir sind es von Gottes Gnaden
In sprudelnd Gedanken Helle.
Unterm goldenen Reiter traben,
Erfinden frei weg von der Stelle.
Wenn wir die große Welt erkannt,
Kehren wir heim ins Sachsenland.

Ewiglich die Mädchen wachsen,
Trotz dem beliebten Reisebrauch.
Geschmeidig webt unser Sachsen,
Trinkt weiter seinen Kaffeerausch.
Wenn uns die große Welt gekannt,
Kehren wir heim ins Sachsenland.

Unsere Giganten

Man tanzte zur Schule
Von Gret Palucca,
Las Kästner, Loest,
Lessing, Gellert,
Ringelnatz, den Karl May,
Čišinsky war auch dabei.

Töne schufen Clara, Robert Schumann,
Schwerer Richard Wagner, Heinrich Schütz,
Hörte Carl Maria von Weber,
Johann Sebastian Bach.
Sterndirigent Kurt Masur
Konzertierte manch Partitur.

Es rechnete Adam Ries,
Orgelbaute Gottfried Silbermann.
Groß lehrte Leibniz,
Philosophierte Fichte,
Fernsehpionierte von Ardenne,
Gartengestaltete Fürst Pückler-Muskau,
Architekten Rietschel und Semper,
Kämpfte August Bebel für die Klempner.

Sachsens Musenträume

Harfenklänge, Lichterschäume und Himmelsblitz
Schlössern Augustusburg, Blankenstein und Colditz.
Lorbeer, Strahlungskräfte werden vergeben
Elbhangvillen, Zwinger und Residenz Dresden.
Funkenfluges Gedankenkreise treiben ein
Prachtbauten Pillnitz, Freudenstein und Frauenstein.
Giganten fächern hin zu einem reifen Pfau
Burg Gnandstein, Burgk, Forder-, Hinterglauchau.
Niemand, keiner fragt glorreichsten Stätten wer da?
Friedrichsschlösschen, Hohnstein, Schlosse Hoyerswerda.
Im Schwanensee Lebensterrain heißts glücklich sein
Festung Königstein, Gohliser Schatz, der Burg Kriebstein.
Freudentaumel, Gesänge und lustiges Gleißen
Kuckuckstein, Paulusschlössel und Albrechtsburg Meißen.
Kronenhaft erstrahlt es aus seidenem Antlitz
Moritzburg, Mylau und Barockstation Neschwitz.
Weiter, höher, leichter schreiten die Gläubigen

Purschenstein, Schloss Nossen, der Ruinen Oybin.
Feldscharen marschieren im eigenen Vorwitz
Wackerbarth, Barockschloss Rammenau und Rochlitz.
Unermesslich steigern sie die Fantasienwelt
Schloss Rochsburg, Burg Scharfenstein und das Schönfeld.
Die Unsichtbaren benennen ein Gottvergelts:
Burg Stolpen, Schwarzenberg sowie das Hartenfels,
Plus Schlösser Wiedeck, Weesenstein, Wolkenstein.
Alles schwebt, reitet, schließt die Freiheit ein.

Kursächsisch Torgau

Unterm Schatten der Wolken
Im Mutterland der Reformation
War Torgau die Amme.

Einhundert historische Bürgerhäuser
Stehen am Marktplatze.
Zwischen all dem Gemäuer
Findet sich ältestes deutsches Spielzeuggeschäfte.
Schloss Hartenfels prägt Charakter.
Sankt Marien legt es ad acta.

Dahlener Heide Buchenhaine und Fichtenwälder,
Das Schildau der Schildbürger
Und Neidhardt von Gneisenau Geburt
Werfen ihre Nähe.

Kreismuseum Hartenfels

Stilles Dämmerlicht gefällt
Dem Maß einer Liebe,
Dem Haupt alten Reiches
In Frührenaissance.
Unscheinbar orgelt die Kirche
Im Schloss.

Riesa

Feines Städtchen
Fließt an der Elbe
Mit eigenem Hafen,
Industrie füllt's Gelbe.

Jagdhörner für Moritzburg

Region des Friedewaldes
Beschwört Jagd, Forst und den Fisch.
Gelegt Teiche miteinander
Bitten Mensch und Tier zu Tisch.

Tiergartens Natursteinmauer,
Schwanenteich, Fasanerie,
Pavillons und Gartenbauer,
Allee nach Dresden Fantasie.

Europäischer Kulturland
Schuf Brücke Expressionismus.
Figuren geistern Ortsverband
Beim Jahreszeiten Pluralismus.

Altbest Fasanenzucht ein Fleck,
Leuchtturm steht mit Schilf allein.
Fasanenschlösschen Tischgedeck,
Der Rasen muss gedünkt sein.

Punkt des Zirkels konzentriert
Sich vier Rundtürmen Symmetrie.
Dianaschloss den Mond verführt,
Ausgewogen Harmonie.

Safrangelb, Braunrot, Kupfer, Gold, Weiße,
Gemälde finden ein Refugium.
Feierlich Schloss der Rothirschgeweihe,
Monströser Sechsundsechzig-Ender Schwung.

Empfangs, Spiel, Fest, Speise Saal
Für Familie, Gäste, Dienerschaft.
Federbett des Fürsten Qual,
Ein Abstand zu dem Volke klafft.

Käthe Kollwitz Gedenken

Nie wieder Krieg!
Plakatierte sie.
Grafikerin zwang man
Aus der Akademie.

Ihre geistige Ruhestätte
Trägt Moritzburger Gedenkstelle.

Massiver Sachsenbau

Wir graben uns ein Loch
Fürs Fundament gestoch'.
Wir setzen Stein auf Stein,
Fügen den Mörtel ein.
Fenster bleiben offen,
Klarsicht unser Hoffen.
Obendrauf die Ziegel,
Dach mit Seitenflügel.

Wir bauen, wir bauen,
Wir bauen
Sachsens Gottvertrauen.
Wir bauen, wir bauen,
Wir bauen
Uns ein Haus.

Extreme

Durch Kraftsport Spritze,
Kälte und Hitze,
Stille und Schrei,
Hassliebelei,
Reichen Bankrott,
Leben und Tod,
Selbst trauerlachend
Glühn wir erwachend.

Zustände

Die Arbeit bleibt rar
Erschallts an der Bar.

Für angesparte Fälle
Existiert die Wohngeldstelle.

Propaganda lügt glückend,
Doch das Amt schreibts bedrückend.

Kann Mensch vom Schuften nicht leben,
Muss keiner hungern laut Reden.

Einem System muss brechen den Arm,
Welches erlaubt Kinder tief arm.

Gelegenheits Arbeiten

Arbeiten! grollt eine Pflicht,
Nur bedeutet sie Verzicht.

Sie kloppen den Menschen kaputt,
Allerärmste Gesellschaft,
Erklären den Menschen zu Schutt,
Machen ihn nicht einmal satt.

Werbung

Sie haben keine Arbeit?
Ihre Frau geht fremd zur Zeit?
Euer freches Kind hascht Liter?
Das scheint schon sehr bitter.
Aber!
Der *Schonzani bitter*
Von Schwanelli
Schmeckt noch viel viel bitterer.

Pfefferküchlerei

Pulsnitz
Sonderbäckerei
Bietet
Pfefferkuchen
Feil.

Kamenz

Benebelt Theater den Verstand,
Triff einfach Lessing ganz charmant.
Rotrathausstadt ehrt ihren Sohn,
Festspiele am Hutberg tragen Kron.

Knappensee

Wildschöne Armut pflegt Randwald,
Tagebaurestloch füllte Fee.
Seichtbewachsen strandgemalt
Befreit Uferblick übern See.

Ferienzauber und Rutschenpark
Sowie Zeltplätze komforen.
Spartanisch wohnt selbst manches Paar,
Urlaubsdörfer versorgen.

Zusestadt

Hoyerswerda trägt besondres Kleid,
Hier löste sich die Computerzeit.
Du fragst nach dieser Bluse?
Besuch Museum Zuse!

Kraftwerk Boxberg im Walde

Der Himmel färbt sich zum Gebirge
Scheinbar endlosen Kieferwäldern.
Boxberg formt einmalige Züge,
Stromverbrauch zählt nach Umweltlüge.

Deutsche Muse

Deutsche Muse wo bist du?
Deutschland liest keine Dichter.
Der Hohlraum legt Gewicht zu,
Auch Sachsen fehlen Richter.

Liebeskomödie

Liebe ist ein ekstatisch Gedanke,
Fluchtlos gesetzliche Himmelsflanke.

Ein Mädchen musste mir vorübergehn.
Ich konnte nicht atmen, mein Herz blieb stehn.

Alle Liebe dieser Erde gleichwie
Stieg aus dem Ozean der Fantasie.

Malerisch Schwärmerei prangte gewolkt,
Entzücktes Winken, Liebesträn gerollt.

Gemeinsam tranken wir das Mondlicht,
Sternwolken gab ich deiner Namen Gewicht.

Italienisch fesselte Kulisse,
Unsre Bühne kannte deutsche Küsse.

Du fühltest unter meiner Tarnkappe
Verlieren, Zerfließen der Krawatte.

Die Liedcr der Besten schenkte ich dir.
Bei den weißen Blumen standest du mir.

Meine Wünsche quillten dir hinüber,
Fühlte Blicke, spürte immer wieder.

Die silberklingenden Glockenschläge
Gebaren eine lustige Ehe.

Bad Muskau

Gleich einem Torbogen
In ein verwunschen Land
Strecken Bäume Äste gen Himmel,
Benebelt Gartenkunst den Verstand.

Weltkulturerbe Park
Besitzt Bad Muskau Stadt.
Fürst Pückler pflanzte Sarg
Rasender Leidenschaft.

Landeskrone Görlitz

Zwischen reichen Bürgervillen
Schlängelt kein einsamer Pfad.
Straße, Treppe steigern Willen
Zum Wahrzeichen von Görlitzstadt.

Klein Straßenbahn fährt ohne Gleise,
Steigt zweihundert Meter im Schnitt,
Bringt Zielgruppe Rentner Reise,
Schaukelt sehr sanft im Wiegeschritt.

Über Gipfeln aus Nadelgrün
Urlauben Berghotel und Turm.
Die Stimmung wird zur Freude blühn,
Wenn Bilder vom Lande verlorn.

Zittauer Musiknacht

Reiseziel vorm Gebirge,
Verstecktes Ausflugsgebiet.
Stadt der Brunnen Krüge,
Fleischerbastei und Blumenuhr Lied.

Kleine Stadt in großer Szene,
Bändchen für den Eintritt.
Wieder spielen neue Bands
Beim Bier vom halben Preis.

Menschentaumel, Glückes Gestik
Steigern das Abendglühen.
Schallend umher fliegt die Musik,
Anfassbar ohne Müden.

Heiße Zittauerin

Kleiner schreibst
Du deine Dimensionen,
Fauchst und qualmst,
Rollst täglich nach
Jonsdorf, Oybin
Dahin,
Verdaust schwarze Kohlen,
Dampfst Wasser weiß,
Auf Gleisen ins Gebirge
Bist ein Zug und heiß.

Kurort Oybin

Caspar David Friedrich Motiv
Um auf unter Sandsteinfelsen.
Urlauber freuet intensiv
Hochzeitskirche Glockenläuten.

Kennen Sie schon?

Darf ich mal fragen, kennen Sie schon,
Das Schmetterlingshaus Jonsdorf,
Heißen Tropen voll nah
Oder
Den Saurierpark Kleinwelka?

Mit Tagebauen verflochten
Dünt der Findlingspark Nochten.

Hölzern geschnitzt touristet
Neißeaue Kulturinsel und
Es versteckt sich der Trixipark Großschönau.

Trixipark Großschönau

Kinder klein kostenfrei hinein,
Die dicke Schwimmkuh zeigt Waden.
Walrossrutsche, Sprungturm verein',
Auch der Planschmatscho geht baden.

Faul Strandkörbe im Waldstrandbad,
Tagespauschalangebote.
Ferienhäuser Lebenstat,
Urlauber im Ruderboote.

Nebenan Ausgleich und Linderung,
Durch Kaffee den Körper massieren.
Sand-Licht-Therapie Tiefenwirkung,
Lust Strömungskanal kann passieren.

Kosmetik, Sauna, Schneekammer,
Abtauchen in Milch und Honig.
Zeremonien, Düftekammer,
Kräuter, Genüsse sehr knorrig.

Gusseiserner Turm

Über Löbau steigt empor
Einmaligkeit dieser Art,
Baukasten Turm Eigenchor
Bringt die Touristen in Start.

Löbauer Maschinenhaustage

Reichsbahn Fahrzeugparade
Prägt Maschinenhaustage.
Der ostsächsische e.V.
Begleitet die große Schau.
Kolbenschlagen, Sonderfahrt,
Für Sammlungs Zukunft wird gespart.

Bautzener Frühlingsfest

Wenn unter Türmen Bühnen dröhnen,
Fahnen Wettbewerb Sieger verehrt,
Fass Freibier Anstich füllt die Kübeln,
Ist sich Bautzen einfach Feuerwerk.

Wind pfeift zur Bierbänke Melodei,
Mann singt heile Sehnsucht von Bautzen.
Oberlandkapelle spielt dabei
Unter den Heimatland Applausen.

Im Alltag geht die Liebe runter,
Feier langsam steigt, steigt intensiv.
Verlebend Jugend richtig munter,
Region Zeitung schreibt's noch kreativ.

Bautzemann mit barocker Haube
Und das Tausendschönchen in Blau-Gelb
Animieren volle Gästetraube.

Giebelwanderung

Ernst Rietschel aus Pulsnitz
Enthüllte Allegorie *Tragödien Giebel.*
Erstem Hoftheater Frontes Schmuck
Folgte Feurio in Dresden und dann
Schenkung nach Bautzens Festen.
Neutheater schlüpfte ausgeschmückt.
Doch Weltkrieg, der zweite,
Zerstörte in seiner Weite.
Erst nach Christus Zweitausend
Stabilte griechisch Figurenfolge.
Nun bleibt sie auf der Ortenburg
Vor dem Puppentheater zu Hause.

Piloten Beifall

Kuriose Flugzeugsitten
Holen tausende Besucher.
Es wimmelt bunt in Bautzen-Litten,
Das Rollfeld trägt Versucher.

Doppeldecker und die Transall
Ragen über Weltmaschinen.
Geil Lüfteschaus der Fliegerfall
Werden beklatscht in Hochlawinen.

Sorbische Mehrheit

Sächsische Einmaligkeit,
Sondervolkes Herrlichkeit.

Bautzen nennt sich ihre Hauptstadt
In Nationalensemble, Verlag.

Bekannter: Österlich Erntereiten
Und Eiermalens Farbbegleiten.

Sprache pflegt die Vogelhochzeit,
Schleifig wallt das Trachtenkleid.

Sechsstädtebund

Oberlausitz gibt sich bunt
Mit jedem Osterreiter.
Sechs Städte fügten einen Bund
Fast wie ein Kleinstaat Streiter.

Erst sechzehnfünfunddreißig
Reichte man die große Hand.
Nie wieder nun sie löst sich
Erstarktem Sachsenverband.

Garten von Rammenau

Feiner Landbarock dokumentiert
die Vollständigkeit in Pflege
auf Gäste konzentriert
stehen weiße Bänke geschwungener Wege
jedes Fleckchen wird gelegt
Entspannung passt das Lustgehege
dazu
stilvoll essen in den Schönzimmern
des übernoblen Schlösschens.

Schiebock Rennen

Jährlich wird damit gerannt.
Einrädrig Schubkarre
Stellte Wettbewerb bekannt.

Fuhren kamen Markt geschoben.
Der Bischofswerda Kleinstadt galt
Spitzname Schiebock geboren.

Burg Stolpen

Ruiniert am Rande der Oberlausitz,
Oberhalb des Stolpenmarktplatzes
Schafft ein Burghof Festgelage
Das Zwinkern eines Augensatzes.

Burgumschlossen lebte 49 Jahr
Die Mätresse Gräfin Cosel
Gefangen im Turm mit Salon,
Jedoch von Arbeit lose.

Die alte Handel Schutzburg
An der Basaltkuppe,
Fünfgebäudekomplexig Spiel,
War Staatsgefängnis,
Ist geliebtes Ausflugsziel.

Familien Kalenderbuch

Für wen bist du nur noch Versuch
Im Triumphe vollen Jahreswandel?
Oberlausitz hüllend Kalenderbuch,
Wonnespender Heimat Handel.

Ob du dich nun rasch änderst
Oder des Augenblicks entfliehst,
Landschaften, Geschehnisse ränderst,
Uns in der Zeiten Banne ziehst,

Bleib unserem Land ein Wegweiser!

Neustadt/Sächsische Schweiz

Still und ruhig
An idyllischster Bahnlinie
Als auch im Freizeitpark monte mare
Kann der Körper Erholung schöpfen.
Landmaschinenfabrik färbte.
Wieder und wieder kehre ich zurück.

Sebnitz

Ein Bergsteigerchor singt schräg am Hange
Übern Urzeitpark unds Kräutervitalbad.
Kunstblumen geben örtliches Ständchen
Und TT-Modellbahn schaffte den Start.

Bad Schandau

Die Elbe scheint mir lieber,
Schaut dort eine Nix empor?
Erleichternd lüften Wälder,
Freudlichter brechen hervor.

Hotels wollen bekuren,
Bahn bummelt durchs Kirnitzschtal.
Felsen auf allen Fluren,
Es sprudelt ein Wasserfall.

Elbeschifffahrt

Willkommen an Bord!
Heut sind Sie ein Lord.
Wasser Nostalgie
Verbessert Fantasie.

Erlebnis Treffen
Auch mit dem Neffen,
Große Jubiläen
Wollen wir säen.

Zwischen Ufern Sekt,
Der Tiefgang ist perfekt.
Landschaft glücklichüber
Fließt ganz leicht vorüber.

Aus dem Lebensministerium

Alarmstufe Eins
Ausuferungen beginnen.

Alarmstufe Zwei
ÜBERSCHWEMMUNG von Flächen,
Einzelne Gebäude schwächeln.

Alarmstufe Drei
Wasser fließt verbundner Bebauung,
Überörtlicher Wege Stauung.

Alarmstufe Vier
Große Häuser Gebiete erfasst,
Mensch und Tier wächst Überlast.

Die Hochwasserwehr
Pulst geräteschwer.

Feste Königstein

Gipfelt
Hart in die Felsspalte gehaun
Über Elbe und Namensgeber Sein.
Elementekind Trutz vertraun:
Menschen davor – ameisenklein.

Wuchtig, dick ist die Ummantelung,
Endlos scheint hier der Ruf nach Freiheit.
Blick geht jedweder Himmelsrichtung,
Flugwunsch drängt nach Adlerschwingen breit.

Erhöht Augenblick senkt sich ganz tief
Auf Landschaften und Häuser herab.
Mauerrand Rundgang wehrhaft Brief,
Medusenhaupt Schlussstein Eigenschaft.

Luftkurort Rathen

Strom Elbe zieht vorüber,
Treibt Fähren hin und her.
Urlaubshäuschen schmiegen
Sich aneinander sehr.

Schroff steilen sich die Felsen,
Versteinern der Sagen Kluft.
Erholsam liegen Täler
Im Tannenzapfenduft.

Forellenwasser plätschern,
Verlassen den Untergrund.
Felsenbühne spielt im Walde,
Freudig Geister hüpfen bunt.

Bastei Gefühl

Spektakulär stürzt Tiefenblick
Weißgrauer Felsen in Elbe.
Manch Paar verführt der Augenblick,
Nirgends sehen sie dasselbe.

Täglich gebannt stehen Massen,
Wie Bäume an Felsen gekrallt,
Ganz fest die Reling anfassen,
Die Sächsische Schweiz steingeballt.

Jugendburg Hohnstein

Hier pennen die Jungen,
Schlürfen im Speisesaal.
Sport wird ausgewrungen,
Führungen allemal.

Endlich Hartrock

TNT und Langhaarfleddern
Riffen tosender Stromschnellen.
Vergiss dich zu konzentrieren!
Wir flippen in das Nichts.

Kamelienschloss Zuschendorf

Pirnanah imposantet
Auf altem Burgesgrund
Innerlich gefüllter Glanzbarock.

Sächsisch-Böhmische Schweiz
Galeriert schutzgenetischen Sammlungen,
Ostasiatisch gestempelt.

Blühkamelien, Azaleen, Rhododendron
Schmücken sich bei Hortensien, Bonsai,
Manch Efeu Tochtersohn.

Felsenmärchen Weesenstein

Getrennt der anderen Berge
Verschmilzt
Malerische Bergschloss Romantik.

Das Motiv des Talgrundes
Erhebt sich
Über einem Gneisporphyrfelsen.

Dreiseitig
Umfließt
Die Müglitz diesen freundlichen Anblick.

Ein buntes Gemisch
Von Buchen, Eichen, Tannen
Vollendet den Horizont.

Sagenverwobene Heimlichkeit
Verbindet
Bedeutende Adelsgeschlechter.

Raumkunst im Kunstraum
Perfektioniert
Ein wie bewohntes Museum.

Der Hochzeit Magnet
Zieht auch
Tagungen und Veranstaltungen.

Unterm Pflanzplan
Wächst der Park.
Brentanohauch.

Barockgarten Großsedlitz

Ehrgeizigstes Präsentations Streben
Gibt nach und nach Ansichten preis.
Bei barocken Treppen und Ebenen
Absolutismus Gartenräume weiß.

Sandsteinsichtig Skulpturen ins Grün gerückt
Voller Wechsel Sonne und Schattigkeit,
Original Figurengruppen glückt
Allegorie: Erdteile, Jahreszeit…

Wo Höfisches prunkvoll lustwandelte
Stehn Lindenbäum Hecken in kantig Schnitt,
Südpflanzen Orangerien handelte,
Plätschern Wasserspiele eigenen Tripp.

Kompositionsfülle beherrscht den Stil,
Weiße Bechermalve, Pappelrose.
Blumenrabatten ungewöhnlich viel
Gestalten äußerste Sachsenpose.

Asienhaftes Pillnitz

Auf dem Elbedampfer erreicht
Der Lustige Schlosses Park.
Chinoiserie-Stil empfängt
In schwungvoller Dächer Lag.

Pillnitz durchströmt ein Duft von
Orangerie Exotik.
Bilderbuch entsprungen schlummert
Sommernachts Liebesblick.

Eine rote Tritonen Gondel
Schaukelt zur Japankamelie.

Bierstadt Radeberg

Zur großen Röder Gelbkehain
Horchend alter Eichen Rauschen
Domizilt Sachsens Glanz herein
Mit Bieren für innen und außen.

Berühmt Export Bier Brauerei
Mittet Stadt in ihrer Tätigkeit.
Urig Seminar, Mundarten Biertheaterei,
Erstdeutsch Pilsner erblickten Ortes Zeit.

Anerkannt vorzüglicht Bitter,
Ersten deutschen Camembert fand.
Klippenstein, Jagdschloss der Wettiner,
Ein dichtend Hauptstern Langbein Land.

Zum heiligen Namen Gottes
Zentriert evangelische Kirche.
Katholisch steht Sankt Laurentius,
Himmel *Erich Bär* Volkssternwarte.

Der einsame Trinker

Er liebt die Kellnerinnen
Spätst nach zwei Glas vollem Bier.
Mal eher Blondienerinnen,
Manchmal Schwarzer Elexier.

Fehlt Konversation die Reine
Im Kneipen Getümmel Rausch,
Tun's öfter auch die Beine,
Rotverrückt koketter Brauch.

Er nimmt von ihren Bieren
Und hübschen Vornamen,
Hochgestellter Haare gierend,
Doch besser manche Dramen.

Sächsischer Wappenschmuck

Morgensonne zwischen Schatten
Streifte zu Sachsens goldenem Wappen.
Fabelnd wachsender Pflanzen Fluss
Befördert grüne Raute ihren Gruß.

Farbiges Abzeichen zur Körperschaft
Hat Wappenrollen in Kanzleien vollbracht.
Erbe vergangener Ländereien
Schenkt KFZ-Schildern und Orden Weihen.

Fällt von dem Katalog heraus,
Die Werbung fächelt nun daraus.
Freistaat Sachsen hat signiert,
Heroldsdichtung heimgeführt.

Stadtkernspruch

Bewegt die Stadt, in der ihr strebt,
Der Menschlichkeit ein Antlitz gebt!
Schenkt euren Fleiß in sie hinein,
Wohlstands Motiven sollt euch freun!
Sie wird fluten, Zukunft rahmen,
Schreibt goldlettern ihren Namen!

Landes Hauptstadt Dresden

Wir sehen eine Stadt
Nach *Ruhm Wettinertat.*
Elbekönigin erstrahlt
Spektralstem Musenhimmel.
Sternquell unsrer Lebensart
Lustgärtnert im Künstlersinne.

Pfauengestalt ihres Standes
Beherrscht Magie eines Landes.
Geschwärzte Sandsteine saugen,
Reizen Dichterglocken Hoffnungen.
Als merkwürdig schöne Augen
Leuchten Hellerfenster Öffnungen.

Umarmte Stadt zum sprengen gern,
Knistert selbst jeder Zeitung fern.
Durch ihre Statuen sie fühlen
Nebst selten Worten akrobatisch,
Geheime Schatten regeln, zügeln:
Proletarisch, bürgerlich, adlig.

Barocke Göttin von heute
Schlägt um sich mit Herkuleskeule.
Auf Schlachtfeldern laufen wir darein,

Gedeckte Tafeln lieber erben wolln.
Im Zwischenraum von Geist und Sein
Süßen Eierschecke und Stolln.

Rakete jenseitiger Zukunft
Erneuert vom Meer der Heimatgunst.
Sachsenstamm will sie nicht lassen,
Ihr Dialekt glüht bunter.
Wer kann, wer will dich fassen?
Schwarz-gelbes Wunderwunder!

Semperoper Dresden

Dresdens Wesen kreiert Semperoper.
Semperopers Wesen kreiert Dresden.
Kunstmagnet nach der Untäglichkeit
Aus Galas, Sängern, Tänzern, Musikern
Stattet Festspielen, Schauspielen Freiheit.

Zentralgestirn Sachsenkönig Johann
Erhebt Theaterplatz als Wettiner.
Hofkirche und Gemäldegalerie,
Feiermonument aus Elbsandstein
Bilden Orchester der Euphorie.

Portalwächter Goethe und Schiller sitzen
Vor der Exedra mit ihrer Kalotte.
Darüber verdichtet sich Mystisches
Mittels körperlicher Sinnesmusen,
Pantherquadriga, Ariadne und Dionysos.

Meisterschaft verschränkter Ebenen und Räume
Vergoldet vornehme Ornamentik.
Bühnenbildmaschinerie der Dramen bewegt
Letztendlich den Mikrokosmos unterm
Zuschauerplafond aus der Überwelt.

Zwinger Lust

Haus perlt Kunstsalons.

Spiegelsymmetrisch und gebogen
Weilt hofbarock Vergnügungskastell.
Verwunderung wird ausgezogen,
Betrachtet Mensch harmonisch Gestell.

Residenzwürdiges Schmuckstücklein
Wappenhaft, festgenial dekoriert
Schenkt Serenadenabende ein,
Adlig Feierlaune garantiert.

Heimatwaffen

Säbel
Lanzen
Bajonette
Pallasche
Faschinenmesser
Kaltblankwaffen blitzten scharf.
Feuerwaffen senkten den Bedarf.

Feuerfeuer

Luftflimmernd und wasserängstlich
Fängts an, zu knistern und wispern,
Gelborangerotes Phönixlicht,
Glühendes, rauchendes Flüstern.

Züngelnder stechender Hitze
Vernichtet es hungrig Wälder.
Vulkanisch Infernos Spitze,
Heißer Kelvingrade Melder.

Stürmende Liebe der alten Wund
Erreicht örtlich Heizofen Glut.
Ideal dringt brennender Feuerschlund,
Die herrlich höllische Wut.

Grünes Gewölbe

Reichernd Besuch
Bringt Zeitfenster Wert,
Residenz Warten.

Nicht grün genug
Harrt die Schatzkammer
August des Starken.

Authentisch klug
Recht eingeklammert
Künsten Goldschmiedtaten.

Kügelgen Haus

Romantischer schwingt, entspringt dem Sein
Rekonstruktes Atelier allein.

Porträts aus dieser Zeiten Genies
Verewigen Künstler Paradies.

Ausstellungsstücke lassen schwärmen
Und Maler Ideale erwärmen.

Dresdner Liliputeisenbahn

Rundfahrt vom Straßburger Platz
Durchläuft den Großen Garten.
Die Kinder machen Rabatz,
Sie leiten auch die Fahrten.

Ooch die Küche schmeckt

Kleine leichte Mahlzeiten üben
Unisono guten Geschmacks,
Atonales Hochvergnügen
Kulinarisch Küchenakts.

Guten Appetit
Zur Ochsen Schwanz Suppe!
Dresdner Sauerbraten schmeckt der Puppe.
Auch zum Leipziger Allerlei
Gibt's regionalen Elbtalwein.

Feinschmecker kosten
Gefüllte Wachteln
Und Sahne Windbeutel
Wie Füllung in Schachteln.

Quarktorte, Eierschecke, Stollen,
Kaffee zum Kuchentränken
Vollbringen ein Gemisch
Sowie Reden bei Tisch.

Halbleiterei

Halb Leiter Industrie
Gedeiht so gut wie nie.
Gewitzte Erfindungen
terminieren
ins Morgen.

Leichter, kleiner, geschwinder
Nanometer entblinden.
Materie
fügt sich
am Rande der Utopien.

In Hochminus Potenzen
Verlaufen Stromleitbahnen.
Atome
rinnen
in platten Arealen.

Im Lößnitzgrunde

dackelt zwischen Radeburg,
Moritzburg, Radebeul
Ein Schmalspurbähnle
Ganz ohne Scheu.

Schmalspurbahn
Sichten
Radebeul

Saniert funkelt
der Güterboden
im Osten.

Ein Platz hat
geöffnet
für heimische Schmale.

Verreisen wir
in die Zeit
davor.

Im Reich des Maylöwen

Ureinwohner Nordamerikas adrett
Leben in der Villa Bärenfett.
Literarisch wirkt die Band
In der Villa Shatterhand.
Souvenirs finden sich hier,
Die Silberbüchse steht Spalier.

Karl May Abenteuer

Da damm, da, da, da, da, da damm.
Da damm, da, da, da, da, da damm.
Raus aus dem Knast. Was tat unser May?
Kolporteur mehrwertet vielerlei.

Der Schriftsteller schaffend, schöpfend frei
Ist Hochstapler und Dieb zugleich,
Leistet ungesehen Länderei
Indianern und Gesichtern bleich.

Old Shatterhand grüßt Winnetou,
Kara Ben Nemsi kommt hinzu.
Hadschi Halef Omar erschien.
Weit ritten sie durch die Prärien.

Jugend geht in Flammen auf
Spannender, fesselnder Erzählungen.
Ausdrucksvoll und stark zu Hauf
Zielpfeile wiegen Kampfes Wirrungen.

Ein Denkmal für ihn,
Die Blutsbrüder ziehn.
Da damm, da, da, da, da, da damm.
Da damm, da, da, da, da, da damm

Im Weinlaub

Wenn die vorletzten Monate
Wieder Blätter knallig färben,
Dann trinkt wem Wein blaut,
Wer an den Wein glaubt.

Gläser umhüllen geistiges Wachstum
Des Jahres reichem Fruchtextrakt.
Sanft trinkt mit dem Mund,
Der wird ganz gesund.

Bester Oktobersonnenschein
Zuckert kräftig alle Reben.
Das erfrischende Traubenblut
Bekömmt uns und schmeckt dreifach gut.

Weinpfade

Nützlichste Medizin
Sprießt zu einer Straße.
Jesus wandelte in Wein
Lautet Gottes Gnade.

Von Dießbar-Seußlitz nach Pirna
Gütesiegelts am Elbestrand,
Besonders der Goldriesling
Mengts Feingefühl im Land.

Neunzig Kilo Meter Weg,
Intermezzos sanfter Hänge,
Seltengenusses Metrik,
Schaumwein prickelt Waldgesänge.

Nun schenkt endlich ein,
Seine Exzellenz, den Wein!

Kelch Wackerbarth

Rebhängend französischsymmetrisch
  traditionellen Prickelsekte und
Erlesenhöfisch terrassenfestlich
  würdigen Extraweine,
Fanalt Schlossgut raritätentäflich
  Unsterblicher Genüsse.

Weinböhla

Lehrpfad seiner Bürger
Weist an Landschafts Schutzwehr.
Rebenhaftes Wappen
Schmückt in einem fort.
Staatlich anerkannt
Liegt Erholungsort.

Weinböhla Türme

Hochwinzerlichster Wartturm,
Märchenwebendst Friedensturm,
Schwanen-König-Albert-Turm
Fönen Weinböhlas Liebessturm.

Rebenblicken von oben,
Elbtalreizen verschoben,
Erzgebirgen und Friedewald,
Bis Lausitzer Bergland Gestalt
Schießen fürstlich Fotos Spitze,
Licht Geschwindigkeiten Blitze.

Proschwitzer Prädikat

Inspiration zur Tat
Macht großprivat den Staat.
Weingut eines Prinzen
Schuf Obstes Edelform.
Raritäten eines Winzen
Trugen viele Preise davon.

Oo winzerliches Meißen!

Weitsichtig über Elbeland
Formen Burg und Dom den Bergesrand.
Weinrebenhänge halten die Waage
Der winkligen Wege Stadtanlage.

Bilderbögen des Fummelreiters
Und des Porzellanmalzeitalters
Einen sich im Gütesiegelrund,
Kreuzblaue Schwerter auf Edelgrund.

Albrechtsburger Wandmalereien

Auf dem Hochmeißner Burgberg
Verbinden sich geschmackvolle Formen
Des ersten deutschen Schlossbaus
Mit kühner Schönheit von Ornamenten.
Ausdrucksstark bebildern Wände
Malereien Raumgeschichte.

Weißes Gold

Europa war lang auf der Suche,
Graf Tschirnhaus brachte Schmelzversuche.

Verwahrter Böttger wollte Gold erkunden,
1708 hat er sächsisches Porzellan gefunden.

Aus Kaolin, Feldspat und Quarz Gemisch
Entsteht durch Brennen Feinkeramisch'.

1710 stand Manufaktur Meißen,
Farben, Edelsteine, leuchtendes Weißen.

Unverzichtbar belebt die graziöse Malerei
Porzellan Geschirr, Figuren und Wandgestalterei.

Nossen gegeben

Klein ist der Gang durch die Geschichte.
Hübsch Kleinstadtregen legt Gewichte.

Rathaus von Neunzehnhundertsiebzehn,
Markt, Ortskern unter Denkmalschutz höhn.

Stadtkirche, Pfarrhof, Gasthöfe, Malz-
Und Brauhaus: allseitig schön Gestalt.

Ackerbürger und Handwerker schufen
Familiengeschäfte bestem Rufen.

Pöppelmannbrücke zur Lederfabrik,
Auch geschützter Bahnhof gibt seinen Tick.

Burg der Ritter von Nuzzin allda,
Nebenan gebots Kloster Altzella.

Klosterpark Altzella

Ruhig neben Nossen

Und kaum wahrgenommen
Steht Bauliches zerflossen.

Eine Elfhundertzweiundsechzig-Gründung
In obligatorischer Tallage
Schmiegt am Mittellauf des Pietzschbachgrunds.

Monumentales Klostertor öffnet
Zu unbedrohlich schönen Motiven,
Stimmungsbildern des Empfindens Netz.

Bogenöffnungen verebbter Gesänge,
Klosterkirche, Mausoleum,
Konvent, Konversen, Wirtschaft Gedränge.

Verschieden wissenschaftlich Bibliothek,
Vergangen der Stiftungen riesig Landbesitz.
Auflösung seit der Reformation besteht.

Um Achtzehnhundert gelingt ein
Romantischer Landschaftspark.
Gepflegter Natur ein Dauerheim.

Göttlicher Funke

Du Kapuziner Streichelwort,
Offenbarende Erscheinung,
Fliege fort von Ort zu Ort,
Woge nach allen Richtungen.

Liebe ist mehr als wir wissen können,
Kosmischem Witze werden wir brennen,
Am Ende schallen übergetreten
Doppeltgefüllte Engelstrompeten.

Evangelisch Kirchenland

Schaut nach unseren Kirchen!
Und ihr werdet Gott versuchen.
Blaut nach dem Evangelium!
Und ihr sehet protestantisch.

Gefüllt zur Predigt wird ein Wein,
Der Heilige Geist schenkt uns ein.
„Ich, Herr, Quell, ich bin die Rebe."
„Ihr, Menschen, all, ihr seid der Wein."

Hymne des Herrn

Sanctus frohe Christenheit,
Bittet und er wird geben.
Flügeln freie Wesen leicht,
Erfüllen unser Leben.
In Krieg und Frieden bist du,
Sinne taumeln deiner Spur.
Lauten und Leisen gibst du,
Festigkeit gegen den Sturm.

Zwischen Natur zu wohnen,
Allgewalten bethronen,
Sonnenlicht heller vermählt,
Leben immer neu erstählt.
Ehre, Gottvater, Ehre!
Ehre, Gottvater, Ehre!

Seelenheil Ernstnehmenden,
Jesus durch uns und mit uns.
Engel an Felsen gelehnt,
Rosig Flügelspitzen Gunst.
Vor dir der Menschlichkeit Tor,
Weis uns den sozialen Pfad.
Tiefseen der Liebe füllst du,

Birgst in deinem Schatten grad.

Zwischen Menschen zu wohnen,
Erdenreiche bethronen,
Sternenlicht der Weiten strebt,
Geheimnisse für uns trägt.
Gloria, Gottvater, Gloria!
Gloria, Gottvater, Gloria!

Preisen dich im Kirchenkreis,
Hochaufragend unser Ziel,
Dein Antlitz strahlt jedem Fleiß,
Wie helfen wir Menschen viel?
Unser Welt Beschaffensein:
Parallel Ändern Geleit,
Film nur ist sie Gott allein,
Nirgendwo gibt es die Zeit.

Zwischen Englein zu wohnen,
Himmelreiche bethronen,
Weißes Licht der ganzen Welt,
Anfang, Ende in sich hält.
Hallcluja, Gottvater, Halleluja!
Halleluja, Gottvater, Halleluja!

Wer bin ich???

Ich bin das Leben,
Ich bin der Tod.
Ich bin das Streben,
Ich bin das Rot.
Ich bin das Dasein,
Ich bin der Rain.
Ich bin das Weltliche,
Ich bin der Schein.
Ich lebe auf Erden,
Ich bin nur so klein.
Wer mag ich wohl sein?

Ein Sommertag

Hitze brütet in den Wohnungen,
Kreislaufs Überlebensschlacht,
Lebewesen abgemattet,
Puhl strebt gegen dreißig Grad.

Flusspegel niedriger benetzt,
Krachunwetter räumen auf,
Das *Klima* geht wohl drauf.

Auf der Eisdiele

Markise wurde ausgefahren,
Schmackhafte Kältespeicher harren:
Sahne und Soße, Eierlikör,
Kugeln und Waffeln zum Verzehr.

Unterschiedlichste Schokotorten,
Bindemittel, Emulgatoren
Unterliegen zuckrigem Genuss
Und lauerndem Kalorienschmus.

Landesgartenschau

Doppelt nützliche Natur
Verleiht Ernst, Hoheit, Würden.
Botanische Klaviatur
Odemt der Erde Berühren.
Blütig, weiches, grünes Gras,
Gartenkunst ohn' Unterlass.
Vermählter Pflanzen Liebezeit,
Inschrift Täfelchen weit und breit.

Sachsen in blühender Art,
Sinnfällige Gliederung,
Arrangements ungespart
Fassen die Pflanzenordnung.
Nutz-, Zier- und Lustgarten,
Naturlehrpfad mit Rosensee,
Kreative Vertikalarten
Themen das Flechtwerk der Ideen.

Petersilie, Suppenkraut,
Kräuterbeetchen hingeschaut
Fügen Gewürze Geschmack
Dem fröhlichen Küchenakt.
Mensch und Tierparadiese,
Ein Brunnen steht auf der Wiese.

Reichlich Holztische und Bänke,
Gebraten wird in der Schänke.

Glücklich lebenslang

Schaff dir einen Garten an,
Leidenschaft erwächst im Alter!
Schau in einen Zoo sodann,
Genieße deine Freiheit breiter!

Fahrradtour

Treten, treten, rollen, treten.
Gang rauf, Gang rab,
Klingeln, bremsen, flöten.

Fußgänger überholen,
Stadtautos liegenlassen.
Schonen der Sohlen.

An gesunder Luft
Erholt sich Menschenbild.
Der Stress einfach verpufft.

Landschaft erlebt sich.
Radwege verherrlichen.
Touren färbt glücklich.

Natur Reiten

Mehr Menschen reiten in Landschaften,
Züchten Pferdehaltung, Reitbedarf,
Überlagern Nutzungseigenschaften,
Die irdisch Natur verträglich warf.

Hoppen und kutschen nach StVO
Auf gekennzeichnet Wegen und Stegen,
Forstamtserlaubnis im Wald braucht man so
Oder des Eigentümers Belegen.

Schäden gelten ab durch Reitgebühr,
Frei lebende Tierwelt braucht Ruh.
Nie Dunkelreiten beweist Gespür,
Schritt Tempo beim Treffen dazu.

PS

Oschatz

O
Schatz
Oschatz
Entspannend
Platz
Fügt
Einen
Satz.

Jagdschloss Hubertusburg

Wanderer steh!
Das Auge entflieht verlangend.
Glückliche Seufzer entlocken
Barock Königsbilder prangend.

Erdteils größtes Landschloss streckt
Dreigeschossvierflügelanlage.
Hauptgebäudedaches sitzen
Speerspitzige Figuren wage.

Goldige Hirschgeweihköpfe schauen
Von der Turmuhrglockenhaube.
Drunter leuchtet an Kapellendecke
Heiliger Hubertusglaube.

Siebenjähriger Krieg
Friedete hier den Sieg.

Abseits:
Das andere, alte Jagdschloss
Duftet würzig nach Gestüt.

Die Burg mit dem Riesenstiefel

Sie gefällt übermäßig
Ihres zackigen Rondells.
Mildenstein heißt sie zu Leisnig
August Gegenkönigs Siegeszell.

Ging hinüber zu einem Amtssitz
Und endete als Museum.
Von der Mulde liebäugelt Augenblick
Zum spitzdick Bergfried Turm.

Die Rittertreppe im Miruspark
Und manch künstliche Ruine,
Viermeterstiefel gedächtnisstark,
Nie vergess ich diese Miene.

Ritterburg Kriebstein

Süße Burg über der Zschopau
In umgebender Hügel Höhe
War ein von Arnim Besitz.

Dieser richtig gotische Bau
Mit Türmchendacherker Wohnturm
Begeistert in allen Säälen.

Schwanensee Mittweida

Geschütztes Mittelalter
Und weitere Epochen
Bekernen Mittweida,
Stadtmauer umkrochen.

Nadelhölzer wie Zypressen,
Laubbäume wie die Linden,
Wasservögel beim Nässen
Am Schwanenteiche finden.

Rochlitz Stadt und Burg

Leicht vergessen zu neuen Festen
Wartet ein fruchtbarer Urvulkan Landstrich.
Anfangslose Wälder toller Auen
Umgeben Mulden Fluss voller Fisch.

Petrikirche, Schloss und die Siedlung
Gestalten entspanntes Panorama.
Mittelalt Roch: Schachturm Bezeichnung,
Finstere, Lichte Jupe Diorama.

Beim Anblick beider Burgtürme
und dem Namen Rochlitz
assoziiert man unweigerlich
den Gedanken an einen nesselnden Rochen.

Wie wohl ein Trompetenkonzert
aus zwei Türmen klingen möchte?

Colditz

Verdunkelung, Sirenengeheul, Fliegeralarm,
Grausam heult ein feindlicher Schwarm.
Dieses haftet am Schlosse
Seit gefangen Alliierter Glosse.

An der Zwickauer Mulde,
Sächsischem Marmor Hulde,
Warmen roten Porphyr
Hügelts und wälderts schier.

Kleines altes Städtchen,
Der Numismatik Ständchen.
Geburtshaus denkt Münzgründer,
Dem Johann David Köhler.

Grimma

Wirst du Pensionär,
Komm einfach hierher.
Lasse andres liegen,
Grimma wird dich kriegen.

Magst du geistge Bäume,
Befasse dich mit Seume.
Frommst du Kirchenart,
Singe Paul Gerhardt.

Bestechlichkeit

Leicht wohl liegt der Futterneid,
Weiblichen tut's auch ein Kleid.
Niedlich Geschenke erhalten
Raffiniert Abhängigkeiten.

Seien wir grundehrlich Kalle,
Bestechlich sind wir doch alle!

Ringelnatz Wurzen

Neben Leipziger Tieflandsbucht,
Pfeilerbasilika am Markt
Pflegen Dauerbackwaren Schlucht.

Ringelnatz in seinem Stil
Gab der Stadt ihr Höchstprofil.

Bad Düben

Hanglagig, wegedicht
Schwärmt der Park zum Rosentempel.
Bad Düben, Lobgedicht
Kurt sogar den Meister Hempel.

Delitzsch Delitzsch

Sozialpolitik reformte
Unser Großer Schulze-Delitzsch.
Genossenschaftwesen normte
Hermann *Handwerk Delitzsch*.

Freiheit Leipzig

Unter dem Tempel der Völkerschlacht
Steht eine durchgeschüttelte Stadt.
Wesenreich geheimster Gewalt
Schicksalt sie ihrem Zeitentakt.

Hollaradio wandelnd Gebrause,
Göttergeliebt, durch Zeugen verkündet,
Tagesnacht dürstende Sause,
Geistesberge tönen verbündet.

Dein gastfreundliches Wangenrot
Kümmert sich um neue Ufer.
Wankt eines rauchenden Genius Not,
Richtfest bei Richtfest schmeißen Rufer.

Demonstrationen vom Montag
Gewannen unser nobles Vertrauen,
Wildeten einen ganzen Staat,
Messedorado darf bauen.

Exportstrom, Braunkohle regional,
Erneuerbare Energien.
Malerei steht fundamental.
Gewandhaus Kontraste zerfliehn.

Hast dir die Industrie gezogen,
Götterbauten in Belantiswonne.
Briefe, Bücher haben dich gewogen,
Auf dem Wege zur Dauersonne.

Erster Literatur Preis

Danke für den Ehrenpreis.
Danke nach endlosem Fleiß.
Danke für diesen Segen.
Nun kann ich mich bewegen.

Im Alphabet

Buchstaben drängen zu Worten,
Worte Sätze nach sich ziehn.
Sage sie
Und sag sie nicht.

Im Bild von Silben,
Abzählreimen
Delikatessen sich vereinen,
Sprachmuster fügen.

Worteslust
Und Widerspruch
Trösten, heilen,
Verletzen; Frust.

Befehle zum Schweigen
Bringen Leiden.
Sprache füllt sich Überfluss
Bei Satzzeichens Stärkekuss.

Erste deutsche Ferneisenbahn

Achtzehnhundertundneununddreißig
Qualmt Saxonias großes Ofenrohr.
Schwarzbefrackte Zylindermenschen
Heizen das Wittekindbähnle vor.

Buntknallig, miniwägelich rolln
Geschenke ähnlich Weihnachtsgarniturn.
Rühmlich Leipzig-Dresden Strecke zolln
Offenlokes Tulpenräder auf Tourn.

Leipzig, Leipzig, Hobbymesse

Einem super raumgeteilten Vergnügen
Äugeln Besucher zart Kinderwonne.
Heulend Motoren Hallen vibrieren,
HochTech zum anfassen und probieren.
Historisch Zug entwölkt die Sonne.

Konzentriert in alle Windungen
Rollen Glasröhren Besuchermassen.
Reichlich umfluten neue Erfindungen
In 1:Mini ihre Richtungen.
Star-Allüren durchziehen die Gassen.

Produktzirkus, zehnstöckig Puppenhaus,
Gegnerzwang und Elektronik extra,
Mobile Kontrolle, Loksound und Schmaus,
Taktik, Fahrspaß, hinter Netzen Flugschaus
Bilden Menschen zum Kleingott: perfekter.

Radio an!

Mensch will Radio hören, Radio.

Zwischen Sinnen Glück und Seelenfrieden
Schwingen Hertzwellen Knopfdruck beschieden.

Meinungen und Mediendemagogie
Verlieren unsichtbaren Wonnedienst.
Hörers Richtungswahl rinnt zur Harmonie.

Gespeicherte Musik führt in den Schacht,
Die Rhythmen toben der brausenden Brust.
Notensegen umrauscht die Wesenschaft,
Melodische Saiten türmen Tanzeslust.

Knorkesprüche, Reporters fünftes As,
Magische Hand erwärmt alle Regeln.
Elektronischer Geist, des Geistes Fass
Orgelt wogendprächtig dem Ewigen.

Fremdvölker Klänge, spitze Konflikte,
Hörspiele bauen die Hochspannung auf.
Stündliche Nachrichten zeichnen Geschichte.

Viele Liebesgrüße übern Äther
Beglücken auch die Mütter und Väter.

Berührend sanfter murmeln die Bäche.

Leipziger Zoo

Er verdient ein Oho
Mit jedem Tierehaus.
Qualität hebt Solo
Solch einem Augenschmaus.

Belantis Leipzig

Frivol gleitet dem Leipzigsüden
Hochfreude unsrer Herzen geschrieben.

Urlaubsgarten für die ganze Familie,
Wasserschussfahrt aus der Pyramide.

Sieben Themenwelten Urfolklore
Erklingt Musik strahlender Akkorde.

Freudengeister hüpfen durch die Decke,
Gestrickte Vergnügen erfüllen Zwecke.

Schaukelpartien mit Riesenschwungpendel,
Triumph süßester Fröhlichkeit Wendel.

Überschäumender Tagesjubel kracht
Zur Piratenschlacht für Kinder bis acht.

Verlies des Grauens schauert breiter,
Drachenkarusselle und Kanugleiter.

Mehr Spaßesfülle schafft heiteres Gemüt,
Adrenalin Überraschungsfest blüht.

Gauklerbühne und Diskofelder,
Natürlich ewig rauschen die Gelder.

Gute Laune

Ran an die Posaune,
Schaffen gute Laune.

Sonnenlust und Späßehang
Treiben Feiermenschendrang.

Überraschungsfröhlichart,
Lachwitze heitern ungespart.

Beim Kampf um Jux und Humor
Liegt keine Begrenzung vor.

Ein Tag der Sachsen

Wunderbrausend leuchtet die Welt
Ur-, Ur- Jahres Sterne Wirbel,
Wenn schwungvoll Sachsen sich gefällt
An seinem *Sonder Tages Jubel*.

Seht! Die Reise- und Schlemmermeile
Mitten im Fantasiepalast.
Schausteller runden Mixbereiche-
Tanzbühne Kreativ Ballast.

Medien, lohend Feuerstellen,
Handwerker, Gaukler und Tavernen,
Lang Umzüge in Freuden wellen,
Taumelkreis will Heimat einen.

Weißgrün schlingt sich der Liebesknoten,
Der Seelen erschließt sich Poesie.
Obersten Jubels feiern die Boten
Musik in die Füße Sinfonie.

agra Parkfelder

Glänzgoldig Spiegelsaal,
Lustschloss Weißes Haus
verdienen den Pokal
aller Landesschaus.

Markleeberg.

Leipziger Land

Industriekontrast unterstreicht
Abgeschiedenste Natur.
Töpferkunst fiel in dieses Reich.
Saftig Wiesen und Mischwälder
Zerschneiden Bächlein, Teiche pur.

Einsiedel Burg Gnandstein

Im Naturschutz Kohrener Land
Erhielt sich Romanisches bestens.
Unter Schlösserverwaltung Hand
Tauchen Gartentradition Reste.
Spalten und Dächern paradiesen Fledermäuse.

Heißer Prinzenraub 1455

Kunz von Kaufungen hatte es erwischt,
Für den Landesherrn lag er in Ketten.
Gefangenheit ward zur Kerze gelöscht,
Seine Ersparnisse konnten ihn retten.

Kühn flog Rückforderung zum Könige,
Der absolutend Eingerechtigkeit.
Kunz Raserei nur führte zum Höhne,
Bester Fehde gerann recht Rachezeit.

Zwischen den Felsen von Schloss Altenburg
Warf der Koch eine Holzmetall Strickleiter.
Das Gesinde daheim war grad im Krug,
Ernst und Albert dunkelte im Schlafgemach wei-
ter.
Albert erzitterte tief unterm Bett,
Worte und Wehre steigerten Ängste.
Bei Mutters Nachrufen gingen sie getrennt
Auf Entführerwegen im Engsten.

Kunz wurde im Wald vom Köhler gefällt,
Ernst kam aus Furcht wieder frei für Gnade.
Sprühende Pferde zerrissen Koch ganz schnell,
In Freiberg nahm man Kunzens Kopf: schade.

! Bekränze Ethik !

Was sollen wir heute nur tun,
Für Lust und allgemeinen Nutzen,
Richtungstrieb, Willen und Schätzung,
Um Einzel- und Metaethik zu putzen???

Anerkennen wir die Differenz,
Stärken moralische Ordnung?
Oder heilt uns ab und zu Demenz
Und regeln nach Pflichterfüllung?

Vernunft, Gesinnung und Konflikte,
Räume für Denken, Fühlen und Wandeln
Entfalten des Lebens Geschichte,
Dimensionieren unser Handeln.

Kunst und Gesellschaft beweisen
Sozialpflicht des Geldes in Ganzheit,
Gewissen und Gaben des Geistens,
Tugenden, Anspruch auf Wahrheit.

Sachsenring

Rasen bei Hohenstein-Ernstthal
Mit Motorrad und Automobil,
Grand-Prix steigt in der Anzahl
Für die Ersten kommend ins Ziel.

Dröhnend jagen die Motoren
Schräglagig in Schleifen dahin,
Streben Vorderpositionen,
Fangemeinde jubelt im Wind.

Miniwelt Lichtenstein

Am Boden durch fünfundzwanzig geteilt
Öffnet sich Architektur der Erde.
Die Liste der Monumente weltweit
Gibt einem Auszug getreue Herberge.

Kultstätten, Denkmäler aus Nah und Fern,
Wartburg, Burg Eltz, Schiefer Turm von Pisa,
Akropolis, Chinesische Mauern,
Modelle begeistern immer wieder.

Klingendes Vogtland

Mittelgebirgs Wanderschaft
Rühmt Göltzschtalbrücke
Und Plauener Spitze,
Musikinstrumentenbau Leidenschaft.

Ästhetik der Geistlichkeit
In filigraner Lebensart,
Wernesgrüner Bierschenke
Schmücken Witz und Heiterkeit.

Aus dem Ballon
Erhebt sich eine Perspektive.
An Morgenröthe-Rautenkranz
Entfaltet der Raumfahrtsalon.

Feste, Kulturen, Kongresse,
Sommer-,
Winterhöhensport fügen
Gesundheit, Kuren, Exzesse.

Sterne in der Nacht

Ungerecht und wunderbar
Flimmern Millionen Sterne.
Dunkelt Nacht auch staubfrei klar,
Hüllen Wünsche sich in Ferne.

Horch Museum Zwickau

August Horch
War der Storch.
Auf vier Rädern getragen
Entstanden Volkes Wagen.
Aus der DDR bekannt
Legendärt uns der Trabant.

Robert Schumann Zwickau

Kreuzung Salz- und Silberstraße
Fruchtet große deutsche Zier.
Eingang zum Vogtland und Erzgebirge,
Hauptmarkt wechselt den Gebäudestil.

Ins Rathaus klüger raus als rein gehn.
Schumanns Eck pflegt die Klaviererei.
Sehr spätgotisch ist es anzusehn:
Das Gewandhaus als Theaterkleid.

Der Dom Sankt Marien steht Wahrzeichen
Voller Figuren am Außenwandrund.
Hübsch Sankt Katharinen Pfarrkirchleinchen
Zeigt an auch hier Mensch-Gottes-Bund.

K. May und A. Bebel Gefängnis,
Das war einmal Schloss Osterstein.
Das Trabantdenkmal gedenkt der Bedrängnis,
Horch - Audimuseum Erfinderschein.

Den Muldenort umkreisend
schimmern
Burg Schönfels,
Landschaftspark Miniwelt und die Burg Stein.

Im Schumannhaus

Clara-Flügel,
Wertvolle Handschriften,
Komponisten Bestand.
Musik quillt über den Rand.

Über *Musik*

Wer *Musik* aufschrieb,
Scheint ein Gottesfalter,
Die *Musik* vergibt,
Treibt als Musengleiter,
Der *Musik* versteht,
Ist ein Mensch.

Göltzschtal Brücke

Nürnberg-Leipzig bei Mylau gefällt
Aus Mitte neunzehnten Jahrhunderts,
Größte Ziegelsteinbrücke der Welt,
Bogen überträgt Bogen, wunderts?

Drachen-Höhle

Karsterscheinungen öffnen sich,
Geben Sachsens einzige Sicht.
Wasserspiele, glasklare Seen,
Gardinen aus Tropfsteinen
Konnten geschehn.
Unterirdisch Gang schimmert Schau
Hohlraum Wanderern von Syrau.

Parkschloss Leubnitz

Eindringlich gegen den Tod
Rebelliert Lernort Natur,
Dient nachhaltigen Programmen,
Verlässlichem Wissensschwur.

spitzen stadt plauen

im südwest zipfel
des freistaates sachsen
steht noch der nonnenturm.

perlend am oberlauf
der weißen elster
rühmt die plauener spitze.

schleier, halskrausen,
musseline, stickweberei
zeugen im spezialmuseum.

das alte rathaus
nimmt sicher eine
siegerposition im lande.

die älteste urkunde
schriftet weihe
der johanniskirche.

von größter spannweite
europas zeugt die
steinbogen- oder friedensbrücke.

vogtlands herz besitzt
eine galerie e.o. plauen
nach erich ohser.

neoklassizistisch spielt
das theater in der nähe
der lutherkirche.

Gesticktes

Filigranen Kunstgenuss
Aus Plauener Fantasie –
Vielleicht einen Pantographenfluss
Verkauft die Tuchindustrie.

Markneukirchen schwebt Musik

Spezialstadt des Instrumentenbaus
Widmet sich Orchesterinstrumenten.
Eigenartig Musikwinkel braut
Meisterliche Schauwerkstätten.

Eingetaucht in der Mustersammlung
Inszeniert hübsches Paulus-Schlössel.
Geigenbauer Denkmal schlicht vertraut
Der Macher Werkstatt – Edelrössel.

Fortschicker - Verleger machten reich
Dies kurartig Heim am Hügelstrand.
Vogtländer Wanderwege kreuzen leicht
Instrumenten aus dem Weltverband.

Feste alter Musik

Schirm Vielfalt meistert Spiele,
Wie auf einem spanischen Psalter
Und einer gotischen Harfe,
Ausdruckslänge kennt kein Alter.

Bach, Silbermann, Fuge,
Die Kammerphilharmonie
Wohltemporiert spielt der Kluge
Präzisiert Bann Sinfonie.

Kulturwoche (Auszug)

Montag
Musik am Nachmittag

Dienstag
Der Peter spielt Zauberharfe

Mittwoch
Im Theater brennt das Feuergesicht

Donnerstag
Ohratorium

Freitag
Neues aus der Funzel

Samstag
Klaviersonaten unter der Mondlaterne

Sonntag
Suite Schlosskonzert

Aus Eubabrunn

Vogtländisch
Freilichtmuseum
Hofgebäude
Berichten
Ab
Siebzehnhundertzwanzig.
Scheunen
Wohnstallhäuser
Zweckbauten
Bilden
Hofanlagen.

Grünstädtel Ade
Oberrittersgrün Halt

Ding, Ding, Ding, Ding, Ding,
Schnauf, Schnauf, Schnauf, Schnauf-Schnauf.
Die Bleuelstange reitet fort.
Neun komma vier Kilo Meter führten
Durchs Pöhlwassertal ins Rittergrün.
Doch is Feierohmd 99579.
Öffne dich, Glück auf Museum,
Trächtige Schmalspursammlung!
Urig winkt uns ein fahrkartig geschmücktes
Empfangsgebäude mit großem und
Kleinem Bahnensemble.
Niedlichstes Erzgebirge vollzieht sich
Zu klinkerziegeligem Holzfachwerk
Unter sattelbedachtem Lokschuppen.
Teste die Heusinger Steuerung!
Genieße Personen, Gepäck, Post Wagen,
Wasserkran, Entschlackung
Und die Hübschfahrstrecke!
Ding, Ding, Ding, Ding, Ding,
Schnauf, Schnauf, Schnauf, Schnauf-Schnauf.

Sächsische Silberstraße

Sie verbindet sächsische Bergstätten.
Der Beginn läuft ab Zwickaus Mitten.

Über Schneeberg, Schwarzenberg, Annaberg
Entzückt Bergmannswelt nach Seiffen und Frei-
berg.

Durch den Tharandter Wald geht's zu Dresden,
Erzgebirgs Ferienstraße Größtem.

Unterwegs Lehrpfade, Schauwerke und
Pochwerke, Bingen, Göpel zeugen Kund.

Silber Schwarzenberg

Im Bergrückental des Schwarzwassers
Loreleit ein Geschmeide sehr glatt.
Ehrfürchtig Steinfelsen Erfasser
Schweift über eine gemalte Altstadt.

Aus der Urwald Charakter Gegend
Ensembelt Weiß mit schwarzen Dächern.
Sankt Georgen und Schloss bewegen
Mit Euleorgel und Spitzenklöppeln.

Ein Edelstein des Erzgebirges
Bietet landschaftlichen Ruhepunkt.
Drei Oktaven des Glockenspieles
Von Porzellan läuten nie disjunkt.

Naturbühn gehört in Kalender,
Springreiten, Eisenbahnnostalgie,
Sport über Sport für alle Länder,
Glühe Weihnachts- und Hochzeitsparadies!

Industrielehrpfad

Zu Schwarzenberg im Erzgebirge
Markieren rote Stelen den runden Weg –
Verlorener und neuer Firmen Steg.

Altstadt weist zur Kutzscherfabrik,
Industriegebiet, Gewerbepark Neuwelt,
Sachsenfeld, abgerissen Belgerfabrik,
Auch bei Reinstrom/Pils verdiente man Geld.

Kraußwerke und Wildenau, hinzu
Die Becherfabrik, Hammerparkplatz
Mit Eisenbahnverhau, Rosenthal
Und Eisenwerk Erla Schatz.
Zurück sind wir am Marktplatz.

Von Aue

Schwarzwasser und Mulde treffen
Ein Mosaik steinerner Stätten.
Wismut Uranerz ade,
Erzgebirgsstadion juchhe.
Liebenswürdig sakralen
Klösterlein Zelle
Und
Backsteinrote Sankt Nicolai.

Gasthaus Zwönitz

Neinerlaa im Advent
Duftet Sachsens ältester Weinstube-
Im Roß genoss selbst Goethebube,
Salzstraßen Kreuzung man kennt.

Sankt Annenkapelle, Papiermühle
Bleiben fachwerkbaulich in dir.
Ein Bienenstock schwärmt im Austelpark,
Auf den Markt stell ich ein Klavier.

Hört Ihr Leut Zwönitz?

Nachtwächter, Türmer
Schwärmen Sympathie.
Erzgebirg Bergstadt
Zünftet Sinfonie.

Stülpner Karl

Der arme Sohn
Wurde Wilddieb,
Belagerte die Burg Scharfenstein,
Desertierte nach Böhmen,
Heiratete und
Bewirtete in seiner Schänke,
Verstarb auf Armenkasse Kosten.

Aus dem Scharfensteine
Ist der Wilddieb wohlbekannt.
Nicht eingefangen wurd er,
In Legenden eingebrannt.

Chemnitz Mögen

Hold Chemnitz, ich liebe dich,
Von Herzen meine Sonne,
Wahrheit riesenspiegelig,
Materie Marx Kopf Wonne.

Rot Arbeiterbewegung,
Neukraft sucht Schwerindustrie,
Gasthäuser am Schlossberge,
Fein sächselt die Galerie.

Wie schwellen die Gefühle,
Wenn Volksmusikkrone schallt,
Kulturkaufhausrausch Mühle
Neben dem steinernen Wald.

Deine Kleider gehören
In jedwed Sachsenbälle.
Schwankst zu neuen Thronen,
Schmückst Siegeskränze Fälle.

Die Straße der Nationen
Läuft frischer Zeiten Ehre.
Schlosskirchen, Rotturm wähnen,
Wir schreiten ins Imaginäre.

Süß duftet nun dein Name,
Rührt Steigeraugenblick.
Lärmpforte Erz Gebirge
Durchfährt zum Weihnachtsglück.

**Eisenbahnmuseum
Chemnitz Hilbersdorf**

An der Nostalgie Liebesbrust
Entfaltet sich die Bahnerlust.
&
Alles betreten!
Laufen Sie über die Gleise!
Besteigen Sie alle Fahrzeuge!
Vorsicht beim Rangieren!
Berühren Sie das Betriebswerk!
Empfinden Sie ein *Modellbahnplatten Gefühl!*
&
Fürchterliche Sympathie
Peinigt Pufferfantasie.

Augustusburg auf dem Schellenberg

Klar reist ihr Blick übers Hügelland
Neben uralter Linde Baumbestand.
Fürstlich empfängt Gebäudemajestät,
Bildet Erzgebirges Identität.

Stark Augusts Herzenslust erlagen
Feurige Hirsche, Schnepfen und Hasen.

In Staatsbesitz ging dies Quaderrund,
Gehuldigt Jagdtier und Vogel Kund.
Königlich Kutschen aus dem Marstall,
Zschopaus Motorräder in der Hall.

Parkfreuden von Lichtenwalde

Dort wo Flöha, Frankenberg und Chemnitz
Schon ihre weiten Schatten werfen,
Vom Harrasfelsen ins Zschopautal blickt,
Klimmen Jahreszeiten zu Schärfen.

Geometrische Alleen von Linden
Und Hainbuchenhecken erschaffen,
Blattfarbene rahmen und verbinden
Lichte Momente auf allen Terrassen.

Spiralfontänen und Wasserspiele
Höhepunkten zu sieben Künsten.
Rauschen und Plätschern, sanftmütig Ziele,
Feintröpfig Wasserschleier verhüllen.

Spätbarock Schloss erstrahlt im Dresdenstil
Wertvoller Präsentationsräume.
Rittergut, Gasthof und Orangerie,
Altfachwerkhäuser ergänzen die Bäume.

Im Familie Vitzthum Erbe erblüht
Formend Deutsches Scherenmuseum.
Der Uhrenausstellung manch Zeiger zieht
Auch historisches Spielzeug glückt um.

Springbrunnen

Kohlensäure sprudelnd versetzt
Hüpfen Perlen aus dem Wasser.
Kühlender Feuchtigkeit benetzt
Wolken Dimensionen nasser.

Regenbogenfarbene Nebel
Lösen sich aus strahlendem Sprung.
Licht vom Grunde ändert Spiegel,
Leichte Schleier fliegen davon.

Willkommen Freiberg

Sagenhaft auf einer Gneiskuppel
Ließ am Schuh des Osterzgebirges
Ein gütig Erdgott Silberkumpel
Versammeln, zwecks neuen Erwerbes.

Donat, Schutzherr des Bistums Meißen
Bekam dafür eigen Turm und Tor.
Vom Schmelzofen lebten die meisten,
Wettiner Münze brach früh hervor.

Bergakademie gebar Indium,
Geowissenschaften, Ruhmesschüler,
Mineraliensammlung, Germanium,
Alte Elisabeth Werkführer.

Man fühlt chemisch, mineralogisch
Oder paragenetisch Stufen
Des formfarbigen Urgesteines.
Davon wurden Gäste angerufen.

Otto der Reiche am Obermarkt,
Dreiturmerhöht die Petrikirche.
Dreischiffig die Marien Seltenwart,
Golden Pforte am Dome herrlicht.

Ein Bier kitzelt schon in der Nase
Nach der Silbermannorgelwerkstatt.
Schwanenschlösschen am Kreuzteich Vase,
Auch das Freudenstein macht einen platt.

Freital

Saget ihr Leute, was treibt euch her?
Das Bergbaumuseum oder mehr?
Ich fahre ins Tal, schaue mir an,
Pünktlich beginnt die Weißeritzbahn.

Talsperre Malter

Nehmen wir uns ein Boot,
Rudern und wandern wir,
Baden wir.
Ausgestreckte Landschaftsidylle
wuchert am See.

Bergstadt Altenberg

Zwischen manch Hügeln und Bergen
Ruhn schiefergedeckte Dächer,
Holzverkleidete Fassaden,
Ausgedehnte Fichtenwälder.

Mit dem Bergbau aufgewachsen
Bis zur Glückauf Zinnerzpinge
Ausgerollt letzt Huntes Achsen,
Steigermuseal die Dinge.

Brauchtum trägt in Uniformen,
Fleißigen Schnitzern und Drechslern.
Schwibbogenkirchen am Morgen
In Sauberlüften erleichtern.

Erholungsort reichlich gefüllt
Mit Ferien, Bob, Skiern und Rad.
Der Gebirgskräuter wärmend hüllt,
Schmalspurbahn Kipsdorf:„Gute Fahrt".

Über Oberwiesenthal

Der erhobenste deutsche Kurort
Benennt ein präpariertes Skigebiet.

Der Marktplatz erzählt eigene Geschichten
Vom Rathaushotel,
Häusern,
Kandelabern,
Brunnen,
Postmeilensäulen und Kutschenrouten.

Weihnachten
Erstrahlen alle Fenster
Durch helles Licht und Holzmännlein.

Am Fichtelberg hängen die Seilbahn
Und enger Gleise Dampflokwolken.

Oberwiesenthaler Bürgerbräu

Der Mineralien und Vitaminen
Sind angereichert Hefen verblieben.
Nach Tradition Gebrautem lechzt es schier
Feinherbes untergärig Lagerbier.
Genießbar vollmundig Pilsner Brauart:
„Prost und zum Wohle", heißt letzte Fahrt.

Crottendorfer Schnaps Museum

Im südlichsten Grenzwalde
Heimelt Kräuterdestillation.
Geräte, Pressen, Fässer
Übergab vor Generation.

ANNA BERG
BUCH HOLZ

Eng liegen die kleinen Gassen gesät
Um die vielen Sehenswürdigkeiten
Unserer Gebirgshauptstadt mit der Kät,
Größtem Volksfest, Erzes Frühlingsseiten.

Rechenmeister Adam Ries war zu Haus
Und wohltätige Barbara Uthmann,
Gründerin des Spitzenklöppelns riss heraus
Und berühmt Kartographen Mannen.

Fünfzig Prozent vorhanden Stadtmauer
Zum hunderte Jahr bewohnt Sankt Annen Turm.
Buchholz götzt Friedrich dem Weisen schlauer,
An Schreckenruine Gottesdienststurm.

Bergmännisch weihn Sonderkirche Sankt Marien,
Sankt Katharinen, Frohnauer Hammer,
Mineralien in Besucherbergwerken
Und Klosterreste der Franziskaner.

Dezimale Primzahlen

Besaß dieser Schöpfer
Überhaupt eine Wahl?
Aus der Null bis zur Neun
Gedeiht uns jede Zahl.

Erlag der Gottvater
Reiner Mathematik?
Trugen Vorgesetze
Aller Räume Sieg?

Oder ließ sich erschaffen
Eine so andere Welt?
Ohne dezimal Rechnen,
Mit ganz anderem Geld?

Wir zählen zusammen
Und sehen Finger zehn.
Wir formeln, rangeln nach
Universum-Verstehn.

Groß Primzahlen liegen
Trotz des Kirchenlateins
Um Vielfache von sechs
Und dann plusminus eins.

Im Weihnachtsland

In dunklen Wintertagen
Erleuchten Bergstädte und Dörfer.
Weihnachtlich bläst der Trompeter,
Erlöst von allen Plagen.

Nussknacker und Räuchermann,
Adventslichter und Mettenschichten,
Krippenspiele und Vespern richten
Lichterengel und den Bergmann.

Figuren drehen auf Pyramiden,
Fenster hellen geschwibbte Bogen.
Erzgebirge bleibts gewogen:
Erzähle mir von Weihnachten.

Spielzeugdorf Seiffen

Nussknacker Erfindungsort
Befördert Spielzeuge Zeit,
Geschicktet Werkstätten Sport
Gedrechselter Üppigkeit.

Achteckigbarock
Singklingt
Weihnachtsmotivkirche.

Nussknacker

Kantig schaut ein Beißerblick
Neben einer schmalen Nase
Durch blaue Augen gradheraus,
Weise grau sind ein paar Haare.

Elegant zwirbelt Schwarz-Schnurrbart
Königlichem Kronenhut.
Mundrückenhebelgesteuert
Öffnet sich tiefster dunkler Schlund.

Stramm steht unser Holzsoldat
Festlich und uniformiert;
Kugelhände, schwarze Stiebel
Auf Weihnachten orientiert.

Gern findet man ihn
In der Rumpelkammer.
Für Nüsse zu schade.
Laut kracht der Hammer.

Unterm Zahnarzt

Fasst sich der Mensch ans Herz,
Verlässt ihn bald der Schmerz.
Der Mörderstuhl sinkt leicht herab,
Patientenblick an Decke starrt.
„Zeig mir den Zahn!"
„Lass mir den Zahn!"
„Machens keine Faxen,
Wir bohren heut in Sachsen!"

Frau Ärztin hat sich tief gebückt,
Den Kiefer hintern Anschlag gedrückt.
Schnell schießt hindurch das Röntgenlicht,
Bricht sich an der Wurzel nicht.
„Fass mir den Zahn!"
„Lass mir den Zahn!"
„Machens keine Faxen,
Wir bohren heut in Sachsen!"

Hochfrequenz durchschneidet die Luft,
Taub lässt die Spritze nicht den Duft.
„Spülen Sie den Mund,
Zahnreste aus dem Schlund!"
„Gib mir den Zahn!"
„Lass mir den Zahn!"

„Machens keine Faxen,
Wir bohren heut in Sachsen!"

Jede Füllung quillt famos,
Bessert Kariesrumpfes Los.
Einmal kräftig draufgebissen,
Keine Reste sind dazwischen.
„Das war der Zahn!"
„Mein schöner Zahn!"
„Machens keine Faxen,
Wir bohrten heut in Sachsen!"

Grenzüberschreitend

Eine Hohelied auf die EU,
Zu Nachbarn schnüren Wanderschuh.
Ob Polen oder Tschechenland,
Schnell wird mal hinübergerannt.

Wir lieben Preise von Benzin,
Auch Zigaretten sind verschrien.
Wir reichen euch die offne Hand,
Schon Lenin lobte Handelsband.

Lamar, Lamar, Lamar

Lamar, Lamar, Lamar
Fortuna Saxonia!
Lamar, Lamar, Lamar
Amore Saxonia!

Lamar, Lamar, Lamar
Heute Saxonia!
Lamar, Lamar, Lamar
Ewig Saxonia!
Lamar, Lamar, Lamar…

Inhaltsverzeichnis